Conserver la couvertur

I0075494

8° F Pièce
2422

DU RÉGIME HYPOTHÉCAIRE

ET

DES MODIFICATIONS A Y INTRODUIRE.

OBSERVATIONS

SUR

La Circulaire du Ministre de la Justice et des Cultes, M. Martin (du Nord),
Du 7 mai 1841,

Par M. F. VIOLLE,

Avocat et Conseiller de Préfecture.

Extrait de la Revue de Riom. - Année 1841.

Pièce
8° F
2422

DU RÉGIME HYPOTHÉCAIRE

ET

DES MODIFICATIONS A Y INTRODUIRE

ACQ. 42.648

HENNEQUIN

Extrait de la Revue de Riom. — Année 1841.

Frappé des nombreux inconvéniens du système hypothécaire adopté par le Code civil, que des jurisconsultes distingués ont déjà signalés avec plus ou moins de justesse et d'énergie, le gouvernement a fait un appel aux Cours royales, dont les lumières et l'expérience ne seront pas inutilement invoquées. On a bien fait, à notre avis, de ne rien précipiter, et l'illustre Périer s'était peut-être un peu trop pressé de soumettre aux réflexions des hommes de science les changemens dont sa haute capacité avait entrevue l'importance et l'opportunité. Un changement de système, de simples modifications même dans le système d'une législation à laquelle tant de personnes du plus grand mérite avaient concouru, n'est pas une chose à improviser. Il vaut mieux souffrir les conséquences de ce qui peut être défectueux, que de porter brusquement et follement la perturbation dans la fortune privée comme dans la fortune publique. Les innovations sont dangereuses quand l'épreuve du temps n'en a pas démontré la nécessité. Cette épreuve est-elle faite actuellement? Est-elle assez complète pour notre régime hypothécaire? Nous le croyons, et c'est pour cela que nous voyons avec plaisir le gouvernement prendre l'initiative d'une grande mesure sollicitée par tout ce qu'il y a de recommandable dans la science du droit.

A l'époque de la discussion du Code civil, on avait à choisir entre le système de l'édit de 1771 et celui de la loi du 11 brumaire an VII. Cette loi avait admis la publicité dans sa plus grande étendue, et c'était une opposition tranchée avec le régime antérieur qui, dans un intérêt que l'état de la société en France ne permettait plus de favoriser, avait fondé l'hypothèque occulte, depuis long - temps réprouvée par Colbert. Les deux systèmes furent mis en présence, et eurent, l'un et l'autre, d'éloquens et chaleureux partisans. Il n'était plus question sans doute de préserver certaines classes de la société du désagrément de voir le bilan de leur fortune exposé aux regards de tous; mais d'autres considérations amenèrent des exceptions à cette base fondamentale de tout bon système hypothécaire, *la publicité*. On transigea. La publicité fut reconnue le véritable principe, le fondement réel de la loi qui était à faire. Seulement, il parut convenable de venir au secours de quelques intérêts, de certaines hypothèques, de certains priviléges ; et pour les intérêts particuliers, l'intérêt général et l'uniformité du principe furent sacrifiés. Ce fut avec regret, il faut le croire, puisque de nombreuses dispositions législatives commandaient, sous peine de responsabilité (presque toujours illusoire) l'accomplissement des formalités propres à ramener les exceptions elles-mêmes au vœu général de la loi. Celle de brumaire allait plus franchement au but que doit se proposer un bon système hypothécaire.

Qu'est-ce, en effet, qu'un système hypothécaire, et quel but le législateur doit-il se proposer pour l'établir avec succès, et l'organiser d'une manière avantageuse ?

Un système hypothécaire, quel qu'il soit, n'est autre chose, convenons-en, qu'une nomenclature des mesures à prendre pour se précautionner contre la fraude et la mauvaise foi. Si la bonne foi régnait toujours dans les transactions de la vie civile; si l'on ne disposait que ce dont on a le droit de disposer; si l'on n'empruntait que jusqu'à concurrence de la valeur de ses biens ; si, en un mot, la loyauté la plus pure présidait aux engagemens et à leur exécution, un système hypothécaire serait la chose du monde la plus inutile. Chacun remplirait ses engagemens de la manière dont il les aurait consentis, parce qu'il ne les aurait consentis que dans la proportion de ses facultés, et dans l'intention sérieuse d'y satisfaire. Malheureusement il n'en est pas ainsi; et puis des évènemens que la prudence humaine ne peut prévoir, s'opposent en certaines circonstances, à l'accomplissement de promesses faites de bonne foi. Il a donc fallu pourvoir, autant qu'il était possible, à l'exécution des engagemens pris, et cette nécessité a créé le régime hypothécaire.

L'objet et le but d'un système hypothécaire, est donc en premier lieu, d'assurer, au moyen de l'accomplissement de certaines formalités, l'exécution des engagemens pris et des conventions faites, quelle que soit la bonne ou mauvaise intention de celui qui s'est obligé; et, en second lieu, de prémunir les tiers qui pourraient inconsidérément contracter avec celui qui est déjà sous la loi de précédens engagemens auquel il n'a pas encore satisfait.

Une loi des hypothèques ne crée pas les sûretés : c'est au débiteur à les fournir, et à celui qui les reçoit à discuter leur valeur. L'hypothèque, lorsque les sûretés données sont suffisantes, n'a d'autre mission que de conserver ces sûretés à qui elles ont été données. Mais pour connaître la valeur des sûretés offertes, quelle que soit d'ailleurs l'importance de la fortune immobilière de la personne qui s'engage, il n'y a d'autre moyen que la publicité, et la plus grande publicité des hypothèques, c'est-à-dire le tableau complet et sans exception de toutes les charges qui grèvent cette fortune immobilière. Il ne s'agit pas ici de s'en rapporter à l'apparence : c'est de la réalité que le créancier demande, et dont il a besoin. Avec le système mitigé du Code civil, le créancier a beau se livrer aux investigations les plus minutieuses, il ne parviendra jamais à connaître avec certitude la position réelle de son débiteur, et la valeur certaine de la sûreté hypothécaire qu'il a obtenue, si les registres publics de la conservation des hypothèques ne lui présentent pas le bilan complet des propriétés immobilières de ce débiteur. C'est aujourd'hui une laborieuse investigation à faire de la part du capitaliste qui veut placer ses fonds avec sûreté. Il craint, avec raison, d'aventurer ses capitaux en prenant pour gage la propriété immobilière. Le commerce, l'industrie exercés par des personnes d'une honorable réputation, lui inspirent plus de confiance, et le crédit échappe ainsi aux besoins de l'agriculture. Cet écoulement des fonds au préjudice de l'agriculture, s'est fait remarquer notamment depuis la publication du Code civil, et ce n'est pas seulement parce que le commerce et l'industrie offrent aux prêteurs des bénéfices considérables, c'est aussi parce que les remboursemens sont plus faciles à obtenir, bien que les prêts ne soient garantis que par la confiance que l'emprunteur inspire. Avec les formalités nombreuses et minutieuses qu'exige la sûreté hypothécaire, les déceptions qu'éprouve le créancier, résultant de l'insuffisance de la publicité, des longueurs de la procédure de la saisie immobilière et de l'ordre, le capitaliste s'effraie et ne prête point. C'est principalement le danger que lui font courir, où la défiance que lui inspirent les hypothèques occultes, qui le portent à prêter au commerce, ou à verser ses capitaux dans les spéculations industrielles, encore que les prêts sur hypothèques aient bien leurs avantages. Aussi les nations qui ont adopté notre Code civil, la Bavière, le Milanais, le royaume de Naples, ont-elles, en général, préféré la publicité entière de la loi de brumaire, à la publicité restreinte du Code dont elles ont modifié le titre des hypothèques.

Cette publicité pleine et entière que nous réclamons comme la base indispensable d'un bon système hypothécaire, ne doit pas être, selon nous, appliquée seulement aux priviléges et hypothèques ; la publicité des mutations des propriétés immobilières et des droits immobiliers, en est une conséquence nécessaire et forcée. Si les charges qui grèvent un immeuble doivent être connues de tout le monde, à plus forte raison chaque partie intéressée doit - elle être mise à même de s'assurer d'une manière qui ne soit pas trompeuse, que l'immeuble sur lequel elle a ou veut acquérir des droits hypothécaires, est bien réellement la propriété incontestable du possesseur apparent, de celui avec lequel il a contracté ou se propose de contracter.

Dans le système actuel de notre Code civil, la vente est parfaite entre les parties, et la propriété est acquise de droit à l'acheteur à l'égard du vendeur, dès qu'on est convenu de la chose et du prix, quoique la chose n'ait pas encore été livrée, ni le prix payé (article 1583). C'est là certainement un principe incontestable, en ne considérant, comme le fait l'article du Code, que le vendeur et l'acheteur. Mais si l'objet vendu est un immeuble grevé de charges hypothécaires, rien n'empêche, il est vrai, que le propriétaire en dispose ; toutefois, son droit de propriété n'est pas aussi plein, aussi complet et entier que si nulle charge n'affectait l'immeuble. Il y a, dans cette hypothèse, des tiers qui ne sont ni ne peuvent être indifférens à la vente qui en est faite. S'ils ne sont pas co-portionnaires de l'immeuble, ils ont des droits réels sur lui, sur sa valeur, et sa translation à une autre personne est un fait dont ils doivent toujours avoir la connaissance, soit pour le suivre entre les mains du nouveau propriétaire, soit pour réquérir une surenchère si le prix n'a pas été porté à sa juste valeur. Aussi l'art. 2182 du Code a-t-il respecté les droits des tiers en les reconnaissant.

Mais a-t-il assez fait pour eux ? a-t-il assez pourvu à leur intérêt et surtout aux intérêts des personnes qui traiteraient avec le propriétaire apparent, dans l'ignorance où elles seraient, à défaut de publicité, de la mutation qui s'est opérée à leur insu ; lorsque, par exemple l'immeuble vendu n'a pas encore été livré, ou que la vente a été faite avec réserve d'usufruit, ou bien encore avec faculté de rachat, et qu'il y a eu révocation en faveur du vendeur ? Dans ce cas et bien d'autres, les tiers ne peuvent-ils pas être trompés ? Allons plus loin : qui empêche (cela s'est vu) un vendeur de mauvaise foi de revendre le lendemain le même immeuble qu'il avait vendu la veille, et de toucher tout ou partie du prix de la revente ? n'est - il pas déplorable qu'aucun moyen légal n'existe pour prémunir les tiers contre cette fraude ?

Entre deux acquéreurs du même immeuble, quel sera le préféré? Rien n'est plus juste assurément, dans les principes du Code civil, que d'accorder cette préférence au premier en ordre de date. Dès l'instant que le vendeur s'est dépouillé de son droit de propriété, il est logique, il est raisonnable de ne plus lui reconnaître le pouvoir de tranférer à d'autres ce qui a cessé de lui appartenir. Mais le second acquéreur, qui a traité de bonne foi, et dans l'ignorance de la première vente, dont aucun moyen légal n'a pu lui donner connaissance, ce second acquéreur n'est-il pas victime de l'imprévoyance du Code civil?

La loi de brumaire était plus sage : de même que le Code, elle reconnaissait la perfection de la vente par le consentement sur la chose et le prix, mais *entre le vendeur et l'acquéreur seulement*. Quant *aux tiers*, l'acte translatif de propriété ne pouvait être opposé à ceux qui avaient contracté avec le vendeur avant la trnscription de cet acte, et qui s'étaient conformés aux dispositions prescrites. Ainsi la translation du droit de propriété ne s'opérait, à l'égard des tiers, que du jour de la transcription de l'acte qui l'avait consentie. *(Articles 26 et 28, loi du 11 brumaire an VII.)*

En matière de donation, le Code civil n'admet la transmission du droit de propriété à l'égard des tiers, que par l'effet de la transcription de l'acte portant donation (art. 941, 1,069, 1,070). Il y a certainement antinomie entre ces dispositions et celles relatives au transfert du droit de propriété par le moyen d'une vente. D'où vient cette différence dans des circonstances identiques, en ce qui concerne le déssaisissement et la translation du droit de propriété en faveur d'autrui? C'est, à ne pas en douter, qu'à l'époque de la discussion des titres des donations et de la vente, on était encore sous l'influence de la loi de brumaire, et que lorsqu'il a été postérieurement question de créer un système hypothécaire, on a perdu de vue les dispositions déjà réglées sur la donation et sur le contrat de vente.

Il est désirable de voir régner plus d'uniformité dans notre législation, et pour cela, il suffit de rentrer d'une manière absolue dans le système de publicité de la loi de brumaire, en ne donnant effet aux actes translatifs des droits immobiliers qu'à compter du jour de leur transcription. Ce retour à des principes dont les effets salutaires ne peuvent être sérieusement contestés, ne fera point disparaître tous les inconvéniens, car la ruse et la mauvaise foi savent éluder les les meilleures lois ; mais les inconvéniens seront moins graves, moins nombreux, et c'est beaucoup. Quand on saura que la transcription peut seule donner la force et la vie aux actes translatifs du droit de propriété immobilière, chacun pourra contracter avec plus de sécurité, soit en prêtant au détenteur d'un immeuble, et en prenant cet immeuble pour gage hypothécaire, soit en acquérant l'immeuble au moyen d'une vente ou d'une donation. Il suffira désormais de consulter les registres de la conservation des hypothèques de l'arrondissement de la situation de l'immeuble.

Si nous demandons la publicité par la transcription de tous les actes translatifs de droits immobiliers, nous insistons pareillement pour qu'il n'existe plus d'hypothèques *occultes*, et pour qu'on revienne, sous ce rapport encore, à la règle établie par la loi de brumaire.

N'oublions pas qu'il s'agit d'obtenir, par des modifications, un meilleur système hypothécaire que le nôtre, dont les inconvéniens ont soulevé de si nombreux procès et occasionné la ruine de tant de personnes trop confiantes. N'oublions pas que l'objet final d'une loi sur les hypothèques, est de faire venir les capitaux au secours de la propriété foncière, en leur donnant cette propriété comme la garantie la plus solide d'un bon placement. Eh bien ! comment voulez-vous appeler la confiance sur la propriété foncière, si des charges occultes, si des hypothèques légales inconnues et produisant toutefois le même effet que celles publiées par l'inscription, peuvent absorber la valeur de ces propriétés ? On s'effraie avec raison de ce danger que la prévoyance la plus minutieuse ne peut pas toujours conjurer. On croit avoir tout dit quand on a parlé de la protection due à la faiblesse et à l'incapacité des mineurs, des interdits et des femmes mariées. Oui, sans doute, il faut une protection aux intérêts de ces êtres faibles ou maintenus dans des positions qui ne leur laissent point toute liberté d'action pour les surveiller eux-mêmes. Aussi les lois leur donnent-elles des protecteurs chargés d'agir pour eux. Soyez moins faciles dans le choix de ces protecteurs et moins indulgens pour leur responsabilité ; prescrivez des mesures pour les obliger à remplir leur devoir avec plus de régularité, plus d'exactitude, et l'affranchissement de l'inscription ne sera plus nécessaire pour l'hypothèque légale. La société a besoin aussi de la protection des lois, et son intérêt, qui est l'intérêt général, domine tous les intérêts particuliers, quelque favorables qu'ils soient. Or, l'intérêt général réclame la publicité des hypothèques sans exception aucune. Les rédacteurs du Code civil l'avaient bien senti ; il suffit de voir, pour s'en convaincre, les injonctions faites aux maris, aux tuteurs de publier les hypothèques légales dont leurs biens sont affectés par des inscriptions que la loi leur commande de requérir. Qu'est-il résulté pourtant de ces injonctions, de ces prescriptions rendues communes aux procureurs du roi ? Consultez les archives des tribunaux ; elles vous répondront par des milliers de procès, de jugemens, que l'inobservation de la loi a créés, sans que les intérêts conservés par l'hypothèque occulte aient été mieux garantis.

Il nous semble que l'hypothèque légale cesserait d'être un embarras dans le système hypothécaire basé sur la publicité, si la loi prescrivait aux greffiers de justices de paix de prendre dans un délai déterminé, l'inscription contre le tuteur nommé au mineur ou à l'interdit. Dans le cas de tutelle légale, l'inscription serait requise après la nomination du subrogé-tuteur. Les notaires seraient également tenus de requérir l'inscription sur les biens du mari, comme ils sont obligés de soumettre le contrat de mariage à la formalité de l'enregistrement. Lorsqu'il surviendrait par succession ou donations des sommes dotales à la femme ; lorsque la femme aurait des reprises à exercer pour l'indemnité des dettes contractées par elle avec son mari, ou pour le remploi de ses propres aliénés, l'inscription pourrait être requise par les notaires ou les receveurs de l'enregistrement. Il n'entre pas dans l'objet de cet article de préciser les moyens propres, selon les circonstances, à obtenir l'inscription des hypothèques légales ; il nous importe seulement de dire que des mesures peuvent être utilement prescrites dans l'intérêt de la publicité, et qu'il n'est question que de trouver les meilleures.

Mais cette publicité que nous demandons pour l'hypothèque légale, doit-elle être exigée pour les privilèges ? Oui, sans difficulté, quant aux privilèges qui affectent les biens immobiliers. Dans l'idée que nous nous sommes faite d'un bon régime hypothécaire, l'état réel d'un immeuble, sous le rapport de ses charges, doit être exposé au public sans aucune réticence. C'est l'unique moyen d'appeler la confiance par la certitude de ne pas être trompé.

L'action en résolution de la vente que l'art. 1654 du Code civil accorde au vendeur non payé, doit être conservée, mais en coordonnant son exercice avec la publicité ; si donc le privilège du vendeur n'est pas inscrit, l'action résolutoire n'existera point. Par l'inscription, au contraire, les tiers seront avertis ; ils sauront que la créance du vendeur est privilégiée, et de plus, qu'à défaut de paiement de cette créance, la vente peut être résolue.

Dans l'état actuel de la législation, les tiers qui contractent avec le détenteur et propriétaire apparent de l'immeuble, sont exposés à des périls qu'ils ne peuvent prévoir. Ne trouvant aucune inscription du chef du vendeur, et sachant que l'immeuble a été possédé depuis vingt ans, peut-être, par le détenteur avec lequel ils contractent ; ils ne soupçonnent pas le non paiement du prix, et une action en résolution vient leur apprendre trop tard, et souvent par l'effet d'un concert frauduleux, que le prix de la vente est encore dû, et que leur confiance a été trompée. L'inscription obligée du privilége mettra fin à cet inconvénient que la loi du 2 juin 1841 a déjà signalé, et auquel elle porte en partie remède, en disant (nouvel article 717 du Code de pr. c.) que l'adjudicataire des biens saisis ne pourra être troublé dans sa propriété par aucune demande en résolution fondée sur le défaut de paiement du prix des anciennes aliénations, à moins qu'avant l'adjudication, la demande n'ait été notifiée au greffe du tribunal où se poursuit la vente.

Le privilége des créanciers et légataires qui demandent la séparation des patrimoines, est soumis à l'inscription par l'art. 2111 du Code civil, dans les six mois de l'ouverture de la succession. Mais l'art. 880 du même Code autorise l'exercice de l'action tant que les immeubles existent dans les mains de l'héritier. La jurisprudence a même accueilli cette action après la vente des immeubles, si le prix n'est pas encore payé ou distribué ; le tout, cependant, pourvu qu'aucune inscription hypothécaire n'ait affecté les biens après l'expiration de six mois.

Ces dispositions légales et cette jurisprudence doivent être modifiées, si l'on admet le principe général de la publicité. Il est, en effet, impossible de concilier ce principe avec la prime ou le privilége exorbitant qui, par exemple, est accordé à de simples créanciers chirographaires, quelque favorables qu'ils soient en leur qualité de créanciers du défunt. C'est assez, selon nous, de leur avoir accordé un privilége (art. 2111) et une hypothèque subsidiaire, (art. 2113), sans étendre les avantages au delà des limites commandées par l'intérêt des tiers et le mouvement légal de la transmission des biens. Que le privilége soit maintenu, c'est justice ; mais sous la condition expresse qu'il sera inscrit dans les six mois de l'ouverture de la succession ; après quoi, faute d'inscription, le créancier chirographaire restera sans privilége, quand bien même les immeubles de la succession seraient encore dans les mains de l'héritier.

A l'égard des priviléges *sur les meubles*, une distinction est à faire, distinction qui semble ressortir, au reste, de l'art. 2105 du Code civil. Tous les priviléges doivent être inscrits quand ils veulent s'asseoir sur des immeubles, sauf à en excepter les créances privilégiées énoncées en l'art. 2101, qui, par leur qualité, méritent cette favorable exception.

Mais doit-on faire une classification des priviléges et régler l'ordre de leur collocation ?

Un profond jurisconsulte, un savant magistrat qui nous honorait

de sa bienveillance et dont nous conservons un pieux et reconnaissant souvenir, M. Grenier dit, dans son *Traité des hypothèques*,
tome 2, n° 299, qu'une indication du rang des priviléges, par
nomenclature, devient impossible, et qu'elle supposerait même
une imperfection dans la loi; qu'on doit puiser les règles de fixation des rangs dans ces principes qui ont été le fondement des dispositions du Code civil, et saisir, dans ces principes, l'esprit du
du législateur; qu'enfin, les origines des rangs des priviléges sont,
1° la propriété; 2° la conservation, l'amélioration, la nouvelle
disposition ou la modification utile de la chose; 3° le nantissement
ou gage contracté par titre, ou tacitement convenu; et que l'ordre
de préférence se détermine par celui de ces origines.

Rien de plus juste que ces observations; et pour compléter une
doctrine aussi vraie, nous ajouterons que, relativement aux meubles
et même aux immeubles, il existe une autre base et une autre origine du rang des priviléges, origine bien respectable puisqu'elle se
tire d'un sentiment d'humanité ou de pitié: telle est la source
d'où naît le privilége des frais funéraires et de ceux de dernière
maladie.

Nous ne partageons pas entièrement, toutefois, l'opinion de notre
savant magistrat. Une nomenclature de priviléges, suivant le rang
que chacun doit occuper dans les distributions du prix des meubles
ou des immeubles, présente des difficultés, mais n'est pas impossible : il suffirait, nous le croyons, de marcher régulièrement dans
les principes, qu'à l'aide de M. Grenier, nous venons d'indiquer.
Et quel avantage ne résulterait-il pas d'une classification bien faite,
d'une nomenclature rationnellement établie! Nous voyons, dans
le réglement des ordres, régner à ce sujet la plus grande incerti-
tude, et l'arbitraire s'y glisser, malgré les meilleures intentions.
Des principes, quelque bien élaborés qu'ils soient, sont toujours
des principes dont il faut déduire les conséquences, et c'est de cette
déduction que naissent les difficultés. Une nomenclature, même
avec des défectuosités inséparables de toute législation humaine,
aurait au moins comme la publicité, le mérite d'avertir les intéressés et celui de ne rien laisser à l'arbitraire.

Nous oserons peut-être, un peu plus tard, essayer de rédiger
cette nomenclature, et de fixer, d'après nos idées, le rang que
chaque privilége doit naturellement et légalement occuper. Nous
savons, parce que nous avons réfléchi sur cette partie méta-
physique du droit, les graves difficultés que présente un tel projet.
Si nous entreprenons de les résoudre, ces difficultés, ce sera moins
avec l'espoir de réussir complètement, qu'avec la louable intention

de préparer la voie , et d'offrir notre humble tribut à la science.

Pour juger à quel point ces difficultés sont sérieuses , que nos lecteurs veuillent bien nous permettre de transcrire ici un article d'un ouvrage inédit sur les hypothèques, dont les circonstances retardent nécessairement la publication ; car , si des modifications doivent être faites à notre régime actuel des hypothèques , il y aurait inopportunité dans cette publication.

Du concours des priviléges généraux sur les meubles et des priviléges sur certains meubles seulement.

« En établissant des priviléges sur la généralité des meubles , et des priviléges qui n'affectent que certains meubles , le Code civil n'indique dans aucune de ses dispositions la manière de régler le rang et l'effet de ces priviléges quand ils se trouvent en concurrence. Les priviléges généraux doivent-ils , dans tous les cas et sans exception , avoir la préférence sur les priviléges spéciaux ? ou bien les priviléges qui ont pour gage spécial certains meubles, sont-ils préférables, quant à ces meubles, aux priviléges généraux ? Voilà une de ces nombreuses questions qui divisent les meilleurs jurisconsultes, et sur laquelle il faut s'entendre cependant.

» La question présente assurément de graves difficultés, puisque M. Persil a retracté une première opinion qu'il avait émise , en disant que les priviléges généraux devaient toujours être préférés aux priviléges spéciaux. » au contraire , dit-il maintenant , ceux-» ci doivent l'emporter sur le prix provenant de la vente des meu-» bles qui leur étaient spécialement soumis. » *Régime hypoth.* , sur l'art. 2102.

« Un arrêt de la cour royale de Rouen., du 17 juin 1826 (Sirey, tome , 27-2-5) , juge en ces termes , conformément à la même opinion : « Considérant que l'art. 2102 accorde un privilége spécial à » celui qui a vendu un objet , et dont il n'a pas été payé , sur » le même effet, ou sur le prix provenant d'icelui ; que ce pri-» vilége étant spécial sur la chose , est préférable aux priviléges » généraux énoncés en l'art. 2101 , etc. » Et M. Sirey, en rapportant cet arrêt, en cite plusieurs autres comme ayant jugé dans le même sens.

Mais M. Malleville , dans son *Analyse ,* tome 4 , p. 250 , pense au contraire, que les priviléges généraux sur les meubles, soit par leur titre , soit par la place qu'ils occupent dans la loi , en tête de tous les autres , doivent passer avant tout , et que l'art. 2105 semble le préjuger ainsi. M. Tarrible , dans son excellent article *Privilége de créance* , sect. 2 , § 1er , n° 5 , *Répertoire universel* , adopte en partie l'opinion de M. Malleville, et par ses distinctions, dont nous parlerons bientôt, concilie les opinions divergentes.

M. Grenier, tome 2, numéro 298, énonce ainsi son opinion : « De ce que ces priviléges (ceux de l'art. 2101) sont généraux » sur les meubles, et de ce qu'ils s'étendent sur les meubles et » sur les immeubles, il se tire la conséquence que la loi les a dé- » clarés les premiers de tous les priviléges, qu'elle les a spéciale- » ment favorisés ; et on doit conclure qu'ils doivent être préférés, » sans distinction, à tous les créanciers quelconques dont les droits » s'exercent, soit sur les meubles, soit sur les immeubles. » Cependant, et malgré ce que cette opinion a de positif, M. Grenier fait quelques exceptions que la nature des choses commande, et se rapproche ainsi de la doctrine de M. Tarrible.

« Dire d'une manière absolue que les priviléges généraux l'emportent sur les priviléges spéciaux, ou bien que ces derniers priment et doivent toujours passer avant les premiers, c'est énoncer, à notre avis, une opinion qui n'est point dans l'esprit de la loi. Sans doute les priviléges de l'art. 2101 sur la généralité des meubles, méritent, par le sentiment de justice et d'humanité qui les a fait établir, une préférence sur tous les meubles *qui soit en la possession du débiteur* ; mais cette préférence ne peut avoir lieu, au moins pour chacun de ces priviléges indifféremment, sur les meubles et effets qui se trouvent entre les mains d'un tiers à titre de gage exprès ou tacite. Le droit de propriété qui fonde le privilége spécial du vendeur, pour le prix des effets mobiliers non payés, s'oppose aussi à ce que ces effets soient affectés à certains priviléges établis par l'art. 2101, au préjudice du vendeur et de son privilége. Il n'est donc pas exact de dire que dans tous les cas sans exception, les priviléges généraux ont la préférence sur les priviléges spéciaux, ou que les derniers doivent l'obtenir sur les premiers. Tout dépend des circonstances et de la nature ou qualité des priviléges qui se trouvent en concurrence.

« La créance *pour frais de justice*, par exemple, est la première à laquelle l'art. 2101 attribue le privilége sur la généralité des meubles, et ce privilége, par sa nature, doit même primer tous les priviléges spéciaux. La raison en est que ces frais sont expressément faits pour réaliser la valeur des meubles et les convertir en argent, c'est-à-dire, en une somme distribuable aux créanciers. Il est donc juste que le créancier le plus favorable soit primé par la créance des frais de justice, puisque, sans ces frais, il n'aurait pu être payé de sa créance. Mais il ne faut pas se méprendre sur la signification des mots *frais de justice*. On ne doit entendre par frais de justice, au moins quant à la question actuelle , que les frais nécessaires pour opérer la vente de l'objet mobilier sur lequel les privilèges sont assis ; c'est avec cette distinction que nous expliquerons maintenant les arrêts cités par M. Sirey , dont nous avons déjà parlé.

L'un de ces arrêts , rendu par la Cour d'appel de Paris , le 7 novembre 1814 (Sirey , tome 16-2-2-205) , a décidé en faveur du propriétaire qui réclamait son privilège sur les meubles du locataire , contre les prétentions du greffier de la justice de paix , à qui des frais de scellés étaient dûs. L'arrêt a jugé « que les frais de » scellés et d'inventaire ne sont point faits dans l'intérêt du pro- » priétaire , et qu'il ne doit pas en souffrir la préférence. »

« L'autre arrêt a été rendu par la Cour de Cassation , le 20 août 1821 (Sirey , tome 22-1-28), et décide dans le même sens en faveur du propriétaire - locateur. Les motifs de cet arrêt sont précieux à rappeler , en ce qu'ils expliquent l'art. 2101 du Code *sur les frais de justice*, par les dispositions de l'art. 662 du Code de procédure civile. « Considérant , porte l'arrêt , que les frais de justice auxquels l'art. » 2101 du Code civil accorde une préférence, ne sont que ceux qui » ont été faits *dans l'utilité des parties sur lesquelles la préférence doit* » *avoir lieu*; que cette vérité est prouvée par l'art. 662 du Code de » procédure civile , qui , appliquant le privilège accordé par l'art. » 2101 du Code civil aux frais de justice, porte : « Les frais de » poursuites seront prélevés par privilège , avant toute créance , » *autre que celle pour loyers dûs au propriétaire* ; le motif évident de » l'exception en faveur du propriétaire, est que les poursuites n'ont » été d'aucune utilité pour lui , que les frais d'administration d'une » faillite n'ont , sous aucun rapport , l'utilité du propriétaire pour » objet, qu'ainsi ils ne peuvent primer le privilège du propriétaire » sur les meubles qui garnissent sa maison » , etc.

« Ces arrêts , comme on le voit , sont loin de décider , en thèse générale , que les privilèges spéciaux doivent être préférés aux privilèges généraux, et *vice versâ*. Ils jugent dans un cas particulier, et appliquent les vrais principes en déclarant que la créance du propriétaire – locateur , nanti en quelque sorte du gage , ne peut être primée par des frais qui n'ont pas été faits dans son utilité. Mais s'il eût été question des frais de la vente des meubles , nul doute que *ces frais de justice* n'eussent été préférés à sa créance.

» Ainsi, dans le concours des privilèges généraux et spéciaux sur les meubles, il n'y a pas de règle générale et absolue sur la priorité à accorder aux uns sur les autres ; c'est la nature de chaque créance privilégiée, mise en parallèle, qui doit décider de la préférence, etc. »

Il est facile de s'apercevoir maintenant , combien il est désirable qu'il soit mis un terme à ces discussions incessantes par une nomenclature bien faite, qui fixe le rang que chaque privilége doit occuper dans la distribution du prix de vente des meubles et immeubles ; et nous devons souhaiter que le gouvernement réalise l'espérance qu'il a fait naître, en soumettant aux lumières des Cours royales la question de l'existence de cette nomenclature.

Les formalités prescrites pour la validité de l'inscription hypothécaire, et les nullités résultant de ce que ces formalités n'ont pas été régulièrement accomplies, sont aussi l'objet des questions soumises par le gouvernement aux lumières des Cours royales.

L'inscription est la formalité admise pour donner la publicité aux charges hypothécaires. Nos principes sur la publicité la plus complète, la plus étendue, réclament, par voie de conséquence, l'exécution pleine et entière des formalités propres à éclairer le public sur tout ce qu'il lui importe de savoir à l'égard de ces charges. Toutefois, notre exigence ne va point jusqu'à demander l'accomplissement minutieux des formalités. Pourvu que ce qui est essentiel existe dans l'inscription, nous croyons qu'elle doit être déclarée régulière.

En s'occupant des formes de l'inscription, le Code civil n'en a prescrit aucune sous peine de nullité. Cependant, un acte quelconque ne peut exister sans les formes qui le constituent et le caractérisent ; et l'inscription, destinée à faire connaître l'hypothèque ou le privilége, à lui donner la vie, ne peut atteindre ce but qu'autant qu'elle contient les énonciations nécessaires. Il doit donc y avoir, en ce qui regarde l'inscription, des formalités essentielles, substantielles, sans lesquelles l'acte appelé inscription n'existerait pas ou ne remplirait point sa destination ; et ces formalités sont celles qui doivent être remplies sous peine de nullité.

La question de savoir quelles sont les formalités substantielles dont l'absence produit la nullité de l'inscription, a divisé les jurisconsultes, les cours et les tribunaux. On a de la peine à sortir du labyrinthe des arrêts, dont les uns considèrent comme formalité substantielle ce que les autres ne regardent que comme une formalité désirable, mais dont la négligence ou l'omission n'importe point à la validité de l'inscription. La Cour de cassation elle-même a souvent varié dans sa jurisprudence. D'abord sévère, elle a exigé l'accomplissement de certaines formalités qu'ensuite elle n'a plus demandé avec la même rigueur. Non seulement elle a admis des équipollences, qu'il ne faut pas toujours repousser, mais elle a validé des inscriptions qui paraissaient manquer de quelques-unes de ces choses essentielles à leur existence.

Sous un autre rapport les formalités essentielles doivent être sé-
vèrement prescrites, pour ne pas introduire la confusion sur les registres de la conservation des hypothèques, et mettre le préposé
dans le cas de commettre des erreurs dont il est responsable. Le
public lui - même est dupe de ces énonciations fautives ou incomplètes dans les borderaux et les inscriptions. On a pu remarquer
dans la pratique que les conservateurs, faute de renseignemens
clairs et précis, sont obligés d'annoter certaines inscriptions sous
deux ou trois noms qui s'y rapportent, bien qu'elles ne concernent
qu'un seul individu. Allez ensuite demander un état des inscriptions
existant sur les biens de votre débiteur, et vous trouvez, sur cet
état, des inscriptions étrangères qui augmentent le nombre de celles
réellement subsistantes, et donnent lieu à des erreurs et à des frais
inutiles.

Au nombre des formalités exigées par l'art. 2148 du Code, pour
opérer régulièrement l'inscription, nous distinguerons comme devant être prescrites à peine de nullité :

1° L'indication du domicile du créancier qui, dans tous les cas,
peut être suppléé pour l'élection d'un domicile dans l'arrondissement du bureau de la conservation.

Quoique, en général, les indications relatives au créancier ins-
crivant n'aient pas la même importance que celles qui concernent
le débiteur, il est indispensable pour la suite de l'action hypothécaire que les tiers soient positivement informés du domicile où ils
doivent trouver le créancier.

2° Le nom du débiteur.

Le nom est assurément le moyen le plus direct et le plus simple
pour désigner la personne dont les biens sont grevés d'hypothèque.
L'indication exacte de ce nom est donc indispensable et doit être
prescrite à peine de nullité. Quant aux autres désignations exigées,
le prénom, *le domicile*, *la profession*, quelque utiles qu'elles soient, il
serait trop sévère de les prescrire sous la même peine, parce que le
créancier peut bien ne pas avoir, à ce sujet des renseignemens exacts,
surtout si le débiteur a changé de profession et de domicile.

3° La désignation du montant du capital des créances, ou une évaluation pour les rentes et prestations et pour les droits éventuels,
conditionnels ou indéterminés, et du montant des accessoires de
ces capitaux.

Ces indications sont les plus indispensables ; elles apprennent,
aux tiers le montant des charges hypothécaires, c'est-à-dire, ce qu'il
leur importe le plus de connaître.

4° L'époque de l'exigibilité.

Malgré l'opinion contraire de savants jurisconsultes, nous pensons que l'époque de l'exigibilité doit être énoncée à peine de nullité. Il est du plus grand intérêt pour les tiers qui veulent contracter avec le débiteur, de savoir l'époque réelle de l'exigibilité des créances assises sur les biens de celui-ci.

5° L'indication de l'espèce et de la situation des biens affectés de priviléges ou hypothèques, *quand il s'agit d'hypothèque conventionnelle.*

Au lieu de s'éloigner de l'esprit du Code, il faut y rentrer, et y ramener la jurisprudence qui s'est égarée quelquefois en considérant comme suffisante l'inscription prise collectivement sur les biens situés dans telle commune, et même dans tel arrondissement. La spécialité, l'une des bases de notre régime hypothécaire, n'est pas observée, et le désordre s'établirait bientôt dans l'interprétation de la loi, si l'on tolérait de pareilles infractions.

Si nous ne parlons pas des autres indications exigées par l'article 2148, ce n'est point parce que nous les regardons comme superflues. Elles sont, au contraire, d'une nécessité évidente, quoique moins importantes dans l'intérêt des tiers. Mais elles ne sont pas substantielles et peuvent être remplacées par des équipollents. L'omission de toutes ces formalités entraînerait sans doute la nullité de l'inscription, puisque, en ce cas, l'acte n'aurait pas d'existence réelle; mais l'erreur dans l'une de ces indications, ne pourrait vicier l'inscription, parce que l'erreur n'aurait pu causer un préjudice véritable. En un mot, et pour ce qui a rapport à ces indications moins importantes, il doit suffire, selon nous, qu'elles soient exprimées de façon à ne pas induire les tiers en erreur.

C'est ici l'occasion de parler du *renouvellement* de l'inscription, et d'observer que c'est avec une entente rationnelle de la loi, que la Cour de cassation, par ses arrêts des 14 juin 1831 et 29 août 1838, a exigé que le bordereau, pour le renouvellement, fît mention de la date de l'inscription ou des inscriptions primitives. C'est là, en effet, une formalité substantielle dont l'absence rend impossible l'investigation des parties intéressées, et contrarie les avantages du système hypothécaire. Faute d'indiquer que la nouvelle inscription est le renouvellement d'une première, les tiers ne peuvent s'assurer si l'inscription primitive a été prise régulièrement, si elle a été renouvellée en temps utile; la confusion se glisse dans les registres du conservateur, et la publicité du désordre est la seule conséquence qui résulte de l'inobservation d'une formalité que les règles du simple bon sens doivent proscrire.

Une question de la plus haute importance encore surgit à l'égard de l'inscription de l'hypothèque légale des femmes mariées, des mineurs et des interdits. Le renouvellement décennal de cette inscription doit-il avoir lieu ?

Nous ne le pensons pas. Si dans nos idées de publicité complète des hypothèques, nous avons demandé l'inscription des hypothèques légales, c'est qu'il est possible de prescrire et de faire opérer cette inscription, soit immédiatement après le mariage, soit après les actes qui constituent la tutelle et la subrogée-tutelle. Mais la situation change après le mariage et l'organisation de la tutelle. Ceux qui naturellement devraient être chargés du renouvellement de l'inscription, sont précisément intéressés à ce qu'elle n'ait pas d'existence apparente et publique. Qui donc alors peut être utilement chargé de surveiller, sous ce rapport, les intérêts des femmes, des mineurs et des interdits ? Personne. Une charge pareille entraînerait une responsabilité qu'aucun fonctionnaire ne peut raisonnablement accepter. Nous ne voyons qu'un moyen de sortir de cet embarras, sans déroger à notre principe de la publicité, c'est de déclarer par un article formel de loi, que l'inscription des hypothèques légales est exempte du renouvellement, et subsiste pendant toute la durée des actions des femmes, des mineurs et des interdits contre leurs maris et leurs tuteurs. Nous allons plus loin que la loi de brumaire, dont l'art. 25 prescrivait le renouvellement de ces inscriptions dans un délai déterminé, après l'apurement du compte de tutelle ou la dissolution du mariage ; mais à nos yeux, il suffit que l'inscription existe pour l'avertissement des tiers, et pour les solliciter à toutes les investigations propres à les éclairer sur les charges réelles affectant les biens qui ont appartenu à des maris ou à des tuteurs.

L'objection qu'on pourrait tirer de l'embarras des conservateurs obligés de compulser un grand nombre de registres, la plupart d'une époque reculée, pour la recherche des inscriptions de ces hypothèques ; cette objection cesse d'être sérieuse si l'on prescrit, dans chaque bureau, la tenue de registres spéciaux pour ces inscriptions.

La question de savoir quelle est l'époque où, l'inscription ayant produit son effet, n'a pas besoin d'être renouvelée, est encore soumise à la discussion, et ce n'est pas sans raison, car elle a divisé les cours et tribunaux. La Cour de cassation elle-même n'a fixé sa jurisprudence (si elle est fixée !) qu'à force de tâtonnemens : cela ne doit pas surprendre. On chercherait en vain dans le Code civil et dans le Code de procédure, l'indication d'une époque qui rende inutile le renouvellement de l'inscription avant l'extinction des priviléges et hypothèques conformément aux dispositions des articles 2180 et 2186 du Code civil.

Après avoir dit que l'inscription ne dure que dix ans, l'art. 2154 ajoute que son effet cesse si elle n'a été renouvelée avant l'expiration de ce délai. C'est là une disposition absolue, et rien n'indique par la suite une circonstance qui dispense du renouvellement. La jurisprudence a cependant voulu ce que la loi n'établit point; elle a cherché une époque où doit s'arrêter la prescription de la loi. Est-il étonnant qu'elle ait erré dans sa recherche?

Dans le cas de vente de l'immeuble par l'expropriation forcée, la Cour de cassation avait décidé, le 5 avril 1808, que l'inscription avait produit son effet du jour où l'adjudication avait été annoncée et publiée par les affiches; et plusieurs Cours royales avaient adopté cette décision. Puis, par arrêt du 31 janvier 1831, la Cour régulatrice a pensé que la saisie immobilière, la dénonciation qui en est faite au saisi, la transcription et l'enregistrement de ces actes au greffe et au bureau des hypothèques, ne pouvaient pas dispenser du renouvellement de l'inscription. Un arrêt de la Cour royale de Paris, du 19 août 1820, déclara, en se fondant sur l'art. 752 du Code de procédure civile, que la délivrance au poursuivant ordre de l'extrait des inscriptions existantes au moment de l'adjudication, fixait l'époque où les inscriptions produisent leur effet; et la Cour de cassation, par arrêt du 7 août 1821, rejeta le pourvoi dont elle était saisie contre celui de la Cour royale, parce que l'ouverture de l'ordre, où chaque créancier doit présenter des titres réguliers, est la véritable époque où l'inscription a produit son effet. Plus tard, et le 14 juin 1831, la Cour régulatrice, revenant sur ses pas, a considéré la vente par expropriation de l'immeuble, comme le point d'arrêt où le renouvellement de l'inscription cesse d'être nécessaire.

Si l'immeuble hypothéqué a été volontairement aliéné, la jurisprudence a décidé assez généralement que la notification de l'acte de mutation aux créanciers inscrits, rendait inutile le renouvellement de l'inscription, et la Cour de cassation a consacré ce système par arrêt du 30 mars 1831.

Mais où donc, encore une fois, la jurisprudence a-t-elle puisé sa règle si incertaine, comme le prouvent la diversité et la contradiction des arrêts? Ce n'est pas assurément dans la loi, car, peut-être, en y réfléchissant bien, pourrait-on y trouver une solution contraire, une solution qui obligerait à maintenir l'inscription, par le renouvellement, jusqu'à l'extinction effective de l'hypothèque. Voici, sur ce sujet important, ce que nous disons dans l'ouvrage inédit dont nous avons déjà parlé:

3

« Chercher une époque où le renouvellement de l'inscription n'est pas nécessaire, et la chercher dans d'autres circonstances que celles qui produisent l'extinction de l'hypothèque elle-même, n'est-ce pas une question oiseuse, ou du moins une recherche pour trouver notre système hypothécaire en contradiction ? Examinons, et voyons d'abord ce que dit le Code civil et dans quel but il le dit.

» L'hypothèque n'affecte l'immeuble que pour assurer le paiement d'une obligation, en donnant au créancier le droit de préférence sur le prix de l'immeuble. (Art. 2114 et 2093, Code civil). C'est donc le paiement de l'obligation et le paiement par préférence *sur le prix* de l'immeuble, qui est le but du système hypothécaire.

» Pour obtenir ce paiement, l'hypothèque suit l'immeuble en quelques mains qu'il passe, et la valeur de cet immeuble répond toujours du paiement. Ce principe, établi par l'art. 2114, est si vrai, tellement absolu, que, d'après l'article 2186, le tiers détenteur a beau remplir toutes les formalités prescrites pour purger l'hypothèque, il ne peut en délivrer l'immeuble *qu'en payant ou consignant le prix.*

» Posons donc ce principe incontestable, que l'hypothèque n'a d'autre but en affectant l'immeuble, que d'assurer le paiement de la créance sur le prix ou la valeur de l'immeuble, qui ne peut être dégrevé de l'hypothèque que par le paiement de la créance ou la consignation du prix.

» Un autre principe d'une égale incontestabilité est que l'hypothèque ne produit ses effets qu'autant qu'elle est rendue publique par l'inscription. Les exceptions faites ne font que confirmer la règle.

» Combinant ces deux principes, il en résulte que l'*hypothèque inscrite* est la seule qui puisse avoir effet, et que cet effet, tendant à assurer le paiement de l'obligation par préférence sur le prix de l'immeuble, subsiste jusqu'au paiement ou à la consignation du prix de l'immeuble.

» Nous disons, *l'hypothèque inscrite*, pour avertir que, sans l'inscription subsistante, l'hypothèque n'aurait pas de tels effets, et que la nécessité de l'inscription emporte la nécessité du renouvellement dans les délais voulus, afin qu'elle continue de produire les effets ci-dessus.

» Maintenant peut-on raisonnablement concevoir que l'hypothèque séparée de son complément, nous voulons dire de l'inscription qui l'anime et la manifeste à tous les intérêts, puisse, *seule*, et dans son existence imparfaite, affecter encore l'immeuble, le suivre dans les mains d'un tiers, et obliger ce tiers à payer la créance dont elle est l'accessoire sans valeur légale? Ne serait-ce pas admettre l'effet sans la cause? Ne serait-ce pas détruire l'économie du régime hypothécaire et saper ce régime dans sa base fondamentale , *la publicité*.

» Mais, dit-on, l'inscription a produit son effet, et le renouvellement n'en est plus nécessaire. — L'inscription a produit son effet ! Non, certes, si l'hypothèque n'a pas encore produit le sien. Or, l'hypothèque n'a pas eu son effet, n'a pas atteint son but , puisque l'obligation n'est pas encore acquittée. Pénétrons-nous bien de cette idée : que l'inscription n'est rien sans l'hypothèque , qu'elle n'est pas , comme celle-ci, une cause première , agissant par elle-même ; qu'elle tire au contraire toute sa force, toute sa vertu de l'hypothèque qui existait avant elle et sans elle, et qui, dans certains cas, se conserve sans elle; que son but n'est autre que de révéler l'existence de l'hypothèque et d'en fixer ordinairement le rang.

» Ce but, ce dernier but peut être atteint sans doute à une époque déterminée. Mais qu'importe, en définitive, à l'hypothèque, la détermination du rang dans lequel elle est placée, si l'acquittement de la créance n'est pas la conséquence immédiate et forcée de cette fixation du rang; si l'hypothèque n'a pas elle-même atteint son but ; si des circonstances nombreuses peuvent encore retarder le paiement du prix de l'immeuble, l'acquittement de la créance , et remettre en discussion le rang de l'hypothèque, même après la clôture de l'ordre ?

» M. Persil (*Régime hypothécaire*) , sur l'art. 2154 du Code civil, adopte l'opinion de l'inutilité, en certains cas, du renouvellement de l'inscription , parce qu'elle aurait produit son effet. Cependant il reconnaît que si l'acquéreur volontaire, après avoir transcrit et dénoncé son contrat , emprunte et donne hypothèque sur l'immeuble acquis, ou s'il revend cet immeuble, les créanciers dont l'inscription serait périmée depuis la dénonciation du contrat , auraient perdu leur droit de suite, et ne pourraient quereller les droits des nouveaux créanciers, ou du nouvel acquéreur. M. Persil a parfaitement raison dans le sens du Code civil , et s'il a raison, que devient alors ce fameux adage qui semble absorber notre intelligence : *L'inscription a produit son effet*? Effet admirable , vraiment, puisque l'hypothèque n'est plus conservée et que le créancier est exposé à perdre sa créance !

» Réduisons à sa juste valeur une maxime dangereuse, même dans sa restriction.

» Ce n'est qu'à l'égard des créanciers hypothécaires *entre eux* que l'on pourrait admettre cette maxime : *L'inscription a produit*

son effet, et encore cet effet ne pourrait se produire que par le réglement définitif de l'ordre, pendant lequel chaque créancier doit
conserver ses droits, puisque l'ordre peut durer long-temps et même
être annulé en définitive. Cet ordre fait et *clos* fixera donc le rang
des créanciers et l'ordre dans lequel chacun doit être payé. Mais,
comme nous l'avons vu dans l'exemple donné par M. Persil, cet
ordre, ce rang fixé ne produiront aucun résultat avantageux pour
le créancier qui aura négligé le renouvellement de son inscription,
si l'acquéreur a revendu l'immeuble ou grevé cet immeuble d'hypothèques.

» Bien plus, ce réglement n'aura aucun effet, *même entre les*
créanciers, dans le cas de la revente de l'immeuble ou de nouvelles
hypothèques consenties par l'acquéreur, si tous les créanciers avec
lesquels l'ordre s'est fait n'ont pas le soin de conserver leurs hypothèques par le renouvellement des inscriptions en temps utile. En
effet, ceux dont l'inscription aura été maintenue, conserveront seuls
le droit de suite sur l'immeuble. Or, il peut arriver que le dernier
créancier colloqué, ou même qu'un créancier qui ne venait pas en
rang utile et n'avait pas été colloqué, ait seul l'action hypothécaire
sur l'immeuble, parce qu'il aura conservé son droit de suite, et que
les autres l'auront perdu faute de renouvellement de leurs inscriptions. Ce cas est possible assurément, et alors quel sera, même
entre créanciers, l'effet du réglement, l'effet de l'ordre? Quel résultat produira cet adage de la jurisprudence : *L'inscription a produit*
son effet.

» Rattachons-nous aux principes pour en déduire des règles plus
certaines, plus sûres. Disons hardiment que l'inscription ne produit
son effet que lorsque l'hypothèque produit en même temps le sien,
et que le créancier doit renouveler son inscription, quelles que
soient les circonstances, *tant qu'il n'est point payé de sa créance.* (1)
C'est là ce qu'il faut conclure des dispositions de l'art. 2186 du Code
civil, et des art. 772, 773 et 774 du Code de procédure civile. Ces
articles n'obligent le créancier à donner main-levée de son inscription, n'autorisent la radiation de l'inscription qu'après le paiement
effectif de la créance, et sur la justification de la quittance. Jusques
là, ils conservent l'hypothèque, mais non l'inscription, car, en or-

_____

(1) Nous avions soutenu cette doctrine dans un mémoire pour Mme *Grimal*, publié
il y a plus de vingt ans. Nous sommes heureux de voir, dans *ces documens* nouvelle-
ment imprimés par ordre de M. le garde des sceaux (M. Martin, du Nord), que la
cour de *cassation*, les cours royales de *Bordeaux, Douai, Paris*; une partie des
membres de celles de *Nîmes* et de *Toulouse*; ainsi que les facultés de droit de *Gre-*
noble et de *Rennes*, pensent comme nous, que l'hypothèque, et, avec elle, *l'inscrip-*
tion, doivent durer *tant que le montant de la dette n'est point payé ou consigné.*

donnant la radiation après le paiement, ces articles supposent que l'inscription existe, et par conséquent, qu'elle a été maintenue par le renouvellement : on ne radie pas une inscription qui n'existe plus. »

Nous croyons donc que ni la vente volontaire ou forcée de l'immeuble, ni la dénonciation aux créanciers, ni l'ouverture de l'ordre, la production à l'ordre, la clôture de l'ordre, la délivrance des bordereaux, ne peuvent autoriser la prorogation de l'inscription et de ses effets. L'inscription est un acte nécessaire, indispensable pour assurer l'effet de l'hypothèque, et la loi prescrit le renouvellement de cet acte avant l'échéance de chaque période de dix ans. La loi ne reconnaît point d'inscription prorogée ou d'inscription sans inscription. Elle refuse à l'hypothèque ses droits et sa force, lorsque l'inscription n'existe pas ou qu'elle a cessé d'exister. Nulle part, on ne trouve, dans nos codes, une circonstance ou la dispense du renouvellement soit écrite. Partout, au contraire, on y voit l'obligation d'inscrire l'hypothèque et de renouveler l'inscription pour assurer et conserver la première. L'hypothèque sans l'inscription est inerte ; avec l'inscription elle obtient tous ses avantages et les conserve tant que l'inscription subsiste. Ces avantages ne cessent que par le paiement effectif de la créance hypothécaire, parce que l'hypothèque est arrivée à son but, *parce qu'elle a produit son effet.* Par conséquent, jusqu'à ce paiement ou jusqu'à la consignation du prix de l'immeuble, consignation qui tient lieu de paiement pour le tiers détenteur, il y a nécessité de conserver l'hypothèque, de la maintenir vivante et active par l'inscription renouvelée en temps utile.

La procédure à faire pour la purge des priviléges et hypothèques, telle qu'elle est établie et réglée par le Code civil et le Code de procédure civile, nous semble devoir être conservée avec quelques modifications dont l'usage et la pratique ont fait reconnaître la nécessité.

Observons d'abord que si notre principe de publicité est admis dans toute son étendue, les formalités à remplir se simplifient considérablement, puisqu'on n'est plus obligé de distinguer entre les priviléges et hypothèques ordinaires, et les byothèques légales des femmes, des mineurs et des interdits. Ces dernières hypothèques étant assujetties à l'inscription comme les premières, la même procédure pour la purge peut être employée, et c'est déjà un mérite dans la législation que de simplifier les formalités sans nuire à aucun intérêt.

A la nécessité de faire inscrire tous les priviléges et hypothèques

sans exception, même l'action résolutoire ; à l'obligation où serait
le tiers détenteur, quel qu'il soit, de faire transcrire son titre d'acquisition, dans un délai fixé, nous ajouterions volontiers l'obligation où il serait de notifier son contrat aux créanciers inscrits dans
un autre délai déterminé par la loi, celui de trois mois, par exemple,
à dater du jour de la transcription. Faute de cette notification,
qui ne pourrait jamais avoir lieu avant l'expiration de la quinzaine
de la transcription, et qui devrait être faite à tous les créanciers inscrits à cette époque, chacun de ces créanciers aurait le droit de
poursuivre sur le tiers détenteur, et aux frais de celui-ci, la revente judiciaire de l'immeuble ; cette obligation imposée au nouveau propriétaire dispenserait de la sommation de payer ou de dé-
laisser dont l'exigence et même la rédaction ont donné lieu à des
difficultés.

L'opération de la purge des hypothèques doit être prompte. Il
importe que les tiers intéressés sachent le plus tôt possible qu'elle
est la valeur réelle de l'immeuble affecté, et s'ils seront ou non
payés du montant de leurs créances. De plus, en débarrassant vite
les propriétés immobilières des inscriptions qui les grèvent, on fa-
cilite la circulation de ces propriétés et le jeu des rouages du système hypothécaire ; le crédit s'établit et se justifie avec moins de
peine. Ce sont là des avantages incontestables. Quant au tiers détenteur, il n'a pas à se plaindre. Que fait-il en devenant propriétaire de l'immeuble hypothéqué ? Il se subroge au précédent propriétaire, et, comme celui-ci, il est tenu, quant à l'immeuble,
affecté, des mêmes privilèges et hypothèques. En s'interposant ainsi
entre le débiteur primitif et ses créanciers, il doit, s'il est de bonne
foi, c'est-à-dire propriétaire sérieux, se manifester aux créanciers
et les mettre à même de surenchérir, s'ils le jugent à propos. Cette
obligation de notifier le titre, sous peine de demeurer passible, et
par corps, des frais de saisie et de revente, empêcherait ces ventes
simulées et frauduleuses trop souvent faites pour arrêter ou suspendre
les poursuites d'un créancier légitime.

La conséquence de cette obligation imposée au nouveau propriétaire de purger les hypothèques dans un délai déterminé, ou de
souffrir l'expropriation de l'immeuble sur sa tête, serait d'interdire
la discussion préalable des autres biens du débiteur dans le cas où
elle est actuellement autorisée, et le délaissement par hypothèque.
L'exception de discussion et le délaissement ne pourraient plus
être admis en faveur de celui qui se mettant au lieu et place du
débiteur, et s'emparant de l'immeuble servant de gage aux créanciers, refuse d'agir pour acquitter les charges hypothécaires. Il

serait puni de son entêtement à ne pas obéir à la loi, et les créanciers éviteraient les longues et dispendieuses contestations qu'entraînent, et la discussion préalable ordinairement, sans résultat avantageux, et les actions en restitution des fruits de l'immeuble, ou en paiement des dégradations du fait du nouveau propriétaire.

Ce n'est pas tout ; il pourrait arriver que la revente de l'immeuble sur le tiers détenteur, faute par lui d'avoir notifié son contrat, serait faite à un prix inférieur à celui exprimé au contrat ; il nous semblerait juste alors de rendre le tiers détenteur responsable, et toujours par corps, du paiement de la différence entre le montant de l'adjudication et le prix de son contrat d'acquisition. Observez que, dans les idées de notre Code civil, le nouveau propriétaire est obligé par l'article 2184, de déclarer aux créanciers inscrits qu'*il est prêt à acquitter sur-le-champ* les dettes et charges hypothécaires, sans distinction des dettes exigibles et non exigibles. Quand il fait cette déclaration, la loi suppose qu'il est en mesure de remplir l'engagement qui en résulte en faveur des créanciers. Son offre de payer sur-le-champ établit d'ailleurs, et sans acceptation nécessaire, s'il n'y pas eu de surenchère, un contrat entre lui et les créanciers. L'engagement *personnel* est la conséquence de l'offre qu'il a faite. (2) Pourquoi, dès lors ne serait-il pas tenu, s'il laisse saisir et vendre sur lui l'immeuble dont il est devenu propriétaire, de la différence du prix entre son contrat et le jugement d'adjudication ? Doit-il être plus favorablement traité que le surenchérisseur qui, en cas de folle enchère, est tenu, d'après l'art. 710 du Code de procédure civile, et par corps, de la différence de son prix d'avec celui de la vente ? Quelle distinction raisonnable y a-t-il à faire entre le fol enchérisseur et lui ? N'ont-ils pas tous deux fixé le prix de l'immeuble, l'un par son enchère, l'autre par son contrat d'acquisition ?

La transmission de l'immeuble à titre gratuit, par acte entre-vifs, oblige le nouveau propriétaire à en faire l'évaluation (art. 2183, Code civ.) C'est cette évaluation qui servirait de règle quand le donataire ferait la notification prescrite.

Ici, nous devons signaler l'existence d'un abus dont le renouvellement journalier porte un préjudice notable au crédit fondé sur l'hypothèque. Un créancier poursuit la vente des immeubles hypothéqués, il a prêté avec confiance à un chef de famille, parce qu'il n'a point trouvé d'inscriptions sur ses immeubles, ou qu'il n'y en avait que pour des valeurs peu considérables. L'adjudication est

---

(2) L'existence de cet engagement *personnel*, reconnue par tous les auteurs, est contestée par un arrêt de la Cour de cassation du 6 mai 1840.

près d'être faite, et, tout à coup, survient une demande en partage
de la part de cohéritiers qui souvent ont gardé un silence presque
trentenaire, et dont la demande arrête l'expropriation du débiteur,
oblige le créancier à attendre l'événement d'une longue procédure
en partage, suivie d'une liquidation difficultueuse et donnant lieu
à des frais considérables, dont le paiement privilégié absorbe ou di-
minue la valeur réelle du gage hypothécaire. Ce n'est pas tout, et
c'est ici que se présente l'abus. Ordinairement le demandeur en
partage s'est concerté avec le propriétaire saisi. Le demandeur re-
présente un ancien légitimaire, ou il est lui-même un cohéritier
qui a traité depuis long-temps de ses droits héréditaires par un acte
sous signatures privées. Nul moyen légal n'est à la disposition des
créanciers pour établir la fraude, et l'on conçoit que dans ces circonstances, le serment déféré au prétendu cohéritier n'aurait aucun
résultat utile. Obligé de céder, le poursuivant perd tout ou partie
de sa créance, et souvent il n'est pas le seul en perte. La même
fraude est pratiquée par la suppression des quittances sous - seings
privés, dans le cas où il existe une cession, un traité quelconque
devant notaire ; et chaque jour, ces collusions se reproduisent sans
que les tribunaux puissent les atteindre et les punir. La législation
restera-t-elle toujours impuissante contre de telles manœuvres ? — Il
y aurait, ce semble, un moyen de les prévenir, ou de les rendre
infructueuses, et, quelque sévère qu'il puisse paraître, nous l'in-
diquerons.

Selon nous, toutes les transactions, sous quelque dénomination
qu'elles soient faites, devraient être constatées par actes devant notaire, quand il s'agit de propriétés immobilières ou de droits immobiliers. Il en serait de même pour les quittances du prix des
ventes et cessions de ces propropriétés ou de ces droits, ou des
sommes léguées tenant lieu de droits héréditaires. Cette obligation
serait imposée sous peine de nullité des actes et quittances *à l'égard
des tiers*. Par cette précaution, la transmission des droits immobiliers serait patente, et la fraude, si elle osait encore manœuvrer
contre des créanciers légitimes, pourrait être aisément découverte
et confondue. Il ne faut pas s'alarmer des frais que cette mesure
occasionnerait, car l'expérience prouve que, pour les mutations
immobilières, les actes sous-signatures privées deviennent plus
coûteux aux parties contractantes que les actes notariés, par la
nécessité, arrivant tôt ou tard, de soumettre ces actes privés à
l'enregistrement, et de payer le double droit. Nous avons toujours
vu les parties obligées de produire de pareils actes, regretter de ne
pas avoir traité devant notaire. Et combien d'autres inconvéniens

surviennent de la perte de ces actes privés, ou simplement de la méconnaissance et du désaveu de la signature des parties contractantes.

Au reste, la procédure indiquée par le chapitre 8 du titre des hypothèques, nous paraît, sauf les modifications ci-dessus indiquées, devoir être maintenue, parce qu'elle est assez simple, et arrive au but sans trop de précipitation ni de lenteur, et les actes nécessaires ne sont pas trop multipliés.

Le chapitre 9 du même titre, sur le mode de purger les hypothèques du chef des femmes mariées, des mineurs et des interdits, doit nécessairement être modifié, si l'on adopte la nécessité de l'inscription de l'hypothèque légale. Ce mode n'a été réglé, comme l'indique la rubrique du titre, que pour le cas où il n'existe pas d'inscription sur les biens des maris et des tuteurs. Or, dans notre système, toutes les hypothèques devant être inscrites, ce mode exceptionnel devient superflu, et la procédure ordinaire pour purger les priviléges et hypothèques, est suffisante pour les hypothèques légales elles-mêmes. Toutefois, nous pensons que, pour donner plus de publicité à la procédure de la purge des priviléges et des hypothèques, il conviendrait d'ajouter la nécessité, dans tous les cas, de la part du nouveau propriétaire, de publier, conformément à l'art. 683 du Code de procédure civile, la notification qu'il aurait faite de son titre aux créanciers inscrits. Cette publication dans les journaux, reconnue nécessaire par l'avis du Conseil d'État, du 9 mai 1807, pour prévenir les créanciers à hypothèque légale, aurait le double effet d'avertir toutes les personnes intéressées, et d'être un supplément de publicité qui n'est point à négliger. Il s'harmoniserait parfaitement d'ailleurs avec le régime hypothécaire, en portant à la connaissance du public toutes ou presque toutes les mutations des propriétés immobilières.

Nous avons interverti l'ordre des questions posées dans la circulaire de M. le garde des sceaux, pour nous occuper uniquement des modifications dont le Code actuel des hypothèques nous semble susceptible. Il nous reste à parler d'une innovation proposée, celle *de la circulation des capitaux immobiliers au moyen de cédules hypothécaires transmissibles par voie d'endossement.*

Nous le dirons d'abord avec franchise : l'idée du retour à cette mauvaise pensée non exécutée de la loi du 9 messidor an III, peut naître dans un moment où le vertige des spéculations industrielles envahit l'imagination ; mais la prudence du législateur ne doit pas se laisser dominer par cet engouement de l'époque. Voyez ce que devient l'industrie sucrière !

4

La loi de messidor permettait au propriétaire de prendre inscription sur lui-même, et de se faire délivrer par le conservateur des hypothèques, après de nombreuses formalités, des billets ou cédules hypothécaires négociables par la voie de l'endossement, et insaisissables entre les mains du porteur. C'était, comme on le voit, mettre en circulation les biens immeubles de la même manière que les valeurs mobilières, de la même façon que le numéraire, et transformer le droit de propriété en lettre de change ; c'était mobiliser le sol français sans songer à la différence établie dans l'intérêt de la famille et de la société toute entière, entre la propriété immobilière fixe de sa nature, et la propriété fugitive des valeurs mobilières ; c'était transporter dans les marchés de la Bourse et des banques, la fortune de tous les propriétaires, et les provoquer à la dissipation, ou du moins aux spéculations hasardeuses, par l'extrême facilité de se procurer des ressources pécuniaires.

Ce système épouvanta la France et ne reçut pas d'exécution. La loi de messidor est aujourd'hui classée dans nos annales législatives, comme le reste d'un esprit désorganisateur qui, à l'issue d'un mouvement politique effroyable, où rien n'avait été respecté, ni propriété, ni propriétaire, n'avait pas encore eu le temps de se rasseoir et de calculer lucidement et avec sagesse, les principes de l'ordre social. On dénaturait même l'hypothèque qui, ce nous semble, doit jouer un autre rôle que celui d'un effet négociable, et servir à la sûreté des transactions, au lieu d'être, comme l'argent et ses signes représentatifs, le mobile immédiat et direct des spéculations commerciales ou industrielles. L'hypothèque n'a de valeur que lorsqu'elle affecte une chose fixe, stable, lorsqu'elle s'incorpore, en quelque sorte, avec cette chose dont la nature est invariable quant à sa stabilité. Que serait, nous le demandons, la propriété territoriale, s'il était permis de la mobiliser et de la faire circuler de la main à la main comme une pièce de monnaie ? L'intérêt qui nous y attache ne serait-il pas détruit ? les droits qui découlent de la qualité de propriétaire ne seraient-ils pas anéantis ? et enfin l'agriculture ne souffrirait-elle pas de cette transformation de la terre en billets ou cédules livrés aux manœuvres de l'agiotage ? Tant de considérations s'élèvent contre cette idée de l'hypothèque sur soi-même, qu'il nous semble suffisant d'en énoncer quelques-unes pour démontrer les dangers d'un tel système. Il fut tenté à une époque désastreuse, et unanimement repoussé par l'opinion publique. Quelle chance de succès pourrait-il avoir aujourd'hui que la raison et les vrais principes de l'ordre social reprennent leur empire ?

Arrêtons ici ces observations déjà très-longues, et assurément fort

incomplètes. Il y aurait beaucoup à dire encore sur notre régime
hypothécaire ; mais si nous n'avons pas voulu nous occuper des
projets de réforme radicale qui ont paru, et qui ont, à nos yeux,
le défaut de vouloir trop, en changeant et renversant même ce que
l'expérience a consacré comme bon, pour y substituer des théories
nouvelles, et par cela même hasardeuses, nous n'avons pas eu non
plus la prétention de redresser tout ce qui, dans le détail, pourrait être
défectueux. Nous savons que les meilleures lois ne peuvent pas être
parfaites ; et nous l'avons dit en commençant : Notre but a été de
fournir notre faible contingent d'observations sur les questions pro-
posées par M. le garde des sceaux, et notre pensée en entreprenant
ce travail, a été de nous en référer d'avance aux lumières et à la
sagesse des magistrats jurisconsultés qui n'auraient pas été infruc-
tueusement consultés.

F. VIOLLE

Avocat et conseiller de-préfecture.

Aurillac, Imp. P. Picot. — Octobre 1845.

www.ingramcontent.com/pod-product-compliance
Lightning Source LLC
Chambersburg PA
CBHW060523200326

41520CB00017B/5123